고향의 노래

김완기 사진·시조집
제2집

Hometown lullabies

도서출판
IB 아이비메드

고향의 노래

초판·펴낸날 | 2025년 9월 17일

발 행 인 | 김완기

사　　진 | 김완기

편　　집 | 서승희

펴 낸 곳 | 도서출판 아이비애드

펴 낸 이 | 아이비문화 김삼석

디 자 인 | 아이비문화 서승희

출판신고 | 제 2014-000131호3

주　　소 | 서울시 중구 을지로14길 12(을지로 3가)

전　　화 | 02-2274-4110

ISBN　979-11-88787-35-7(03010)

정가　25,000원

김완기 사진·시조집 제2집
「고향의 노래」를 펴내면서

　교육자로 아이들을 가르치면서 여가활동으로 사진예술에 심취해서 사진작가로 57년 동안 살아오는 동안 '교육과 사진'은 내 삶의 두 길이었다. 43년 동안 교육현장과 교육행정직을 두루 거치면서 교직에서 정년퇴임한 이후까지도 사진창작활동을 멈추지 않았던 것은 나에게 큰 행운이었다. 팔순을 앞두고 「한국문예」지에 늦깎이 시조시인으로 등단해서 우리의 전통이 살아 숨 쉬는 '시조' 공부에 빠져들면서 '사진과 시조'는 내 삶의 새로운 두 길이 되었다.

　우리나라 전통적인 시조의 뿌리를 성리학에서 찾아내고, 시조의 효시가 고려 말 우탁이라는 학설을 정립하여 시조의 1인자라는 칭송을 받는 문학박사 원용우 교수님을 만난 것은 나에게 운명과도 같은 것이었다.

　시조공부에 첫발을 내디뎠던 미흡했던 상태에서 팔순을 기념하여 2023년에 첫 번째 김완기 사진·시조집 「정겨웠던 순간들」을 출판하면서 많은 격려와 조언을 들어 부족했던 시조쓰기 능력을 키우는데 노력하였다.

매주 광진문화원에서 원용우 박사님의 시조강좌를 들으면서 시조공부에 몰입하는 동안 조상의 얼이 담겨있는 시조의 깊은 맛에 빠져들게 되어 하루도 시조 없이는 살아갈 수 없게 되었다.

　미리 촬영해둔 사진영상의 이미지를 연상하여 시조를 쓰거나, 갑자기 떠오르는 시상을 먼저 시조로 써놓고 여기에 맞는 사진을 촬영하기도 하면서 사진과 시조를 접목시키는 과정이 나의 일상으로 자리매김하였다.

　휴대폰의 노트기능을 이용하여 필기도구 없이도 시조를 쓸 수 있었다. 저장해 두었던 원고를 지하철을 타거나 시간의 여유가 있을 때 다시 끄집어내어 수정해가는 작업을 반복하다보니 휴대폰은 내 손에서 잠시도 떠날 수 없는 절친이 되었다.

　지난 수년간 사진과 시조를 끼고 살았던 결과를 엮어서 떨리는 마음으로 두 번째 김완기 사진·시조집 「고향의 노래」를 내놓으면서 아낌없는 지도편달을 받아 글 솜씨를 더욱 키워보겠다는 것이 나의 간절한 소망이다. 이 책이 나오기까지 나에게 글을 쓰는 길을 열어주신 한국문예 서병진 회장님과 심혈을 기울여 시조쓰기의 정석을 일깨워주신 문학박사 원용우 교수님께 깊이 감사드린다.

2025. 9월　일

고향집 서재에서　낭윤 김 완 기

사진과 시조의 운명적인 만남

한국문예작가회 회장 서 병 진

낭윤 김완기 시조 시인은 충북 충주에서 태어나서 어려서 증조부로부터 한문을 배우면서 전형적인 선비 집안에서 자라나 청주교육대학교를 졸업하고 건국대학교 교육대학원에서 교육학석사 학위를 받았다.

서울에서 초등학교 교사·교감·교장으로 직접 학생을 가르쳤고, 34세에 장학사로 발탁되어 서울특별시 본청과 지역교육청에서 장학사·장학관을 거쳐 성북교육장으로 유치원과 초·중학교 교육행정을 지원하였으며 교육부 초등교육정책과장으로 우리나라 초등교육의 일익을 담당했던 다양한 교육경력의 소유자이기도 하다.

그가 젊은 교사시절에 사진예술에 심취되어서 대한민국사진대전 초대 작가로 활동하여오다기 뒤늦게 시조시인으로 등단하여 뮤이의 길을 걸을 수 있었던 것은 타고난 예술적 소양을 갈고 닦으면서 겪어온 남다른 노력의 결과라고 생각된다.

내가 회장으로 있는 한국문예작가회의 「한국문예」 지에 시조시인으로 등단을 계기로 낭윤과 첫 만남이 이루어졌지만 문예활동에 적극적인 참여로 부단히 시조 작품을 쓰고 발표하더니 드디어 2023년에 서울중구구민회관에서 열리는 김완기사진·시조집 『정거웠던 순간들』의 출판기념회에 초대받기에 이르렀다.

교직 생활 43년과 사진작가 55년의 창작활동을 바탕으로 사진과 시조를 접목해서 우리나라 최초로 엮어낸 사진·시조집이었기 때문에 각계의 많은 사람들이 참석하여 뜨거운 축하와 격려의 박수를 보냈다.

25세부터 사진작가로 활동하며 15회의 개인전을 개최한 안목으로 세계의 명승지를 두루 관람하면서 촬영당시의 사진이미지를 부각시켜 시조를 창작해내는 남다른 작업은 세인의 관심을 집중하기에 충분하였다.

이번에 『정거웠던 순간들』에 이어 두 번째 사진·시조집 『고향의 노래』를 출판하게 된 것을 진심으로 축하하면서 김완기의 작품세계에 해가 떴다고 말하고 싶다.

그는 한국문예시조문학대상을 받은데 이어 최근 한국문예신인수필문학상 수상으로 차츰 문학에서 활동영역을 넓혀가고 있다.

앞으로 낭윤 김완기 시조 시인이 교육자, 사진작가, 시조 시인, 수필가로 다양한 분야에서 실력과 소신으로 일관하여 멋진 예술가로서 이름을 더욱 빛낼 것으로 기대하면서 추천사에 가름합니다.

목 차

**제1부
두메산골
내 고향**

제1부 두메산골 내 고향

Part I. Cradled by Hills, My Hometown

물려주신 선비정신

조선 말 한학자인 증조부 우당선생

5살에 천자문을 13살에 논어까지

한문을 몸소 가르치며 선비정신 물려줘.

자손과 이웃들에 서당 열어 한문교육

학문과 인간교육 앞장서 실천해서

지역에 칭송 자자해 존경받아 우뚝 서.

어질고 올바르며 청렴한 삶의 정신

실천해 몸소 보여 가슴깊이 새겨주신

그 정신 온 몸에 배어 나침반이 되었지.

학생 때 우등상장 교직에서 표창장이

수북이 쌓였던 건 선조의 교훈 덕분

일관된 삶의 틀 삼아 조상의 얼 살렸지.

신세대 할아버지

민족이 해방되고 새 세상 맞이하여
신문물 받아들여 삶의 틀 바꾸면서
어둠속 빛을 보여주신 앞서가신 할아버지.

라디오 자전거를 맨 먼저 선보이고
사랑방 주민들과 감동의 대화 나눠
새로운 삶의 길 터주니 존경하며 따랐지.

육순을 맞았을 때 천명을 다하셨나.
사랑을 못 다 펴고 아쉽게 떠나시니
자손과 이웃들 애통해 그리움만 남겼지.

어릴 때 반가웠던 사랑의 과자봉지
극진한 손자사랑 환한 얼굴 떠올리며
조부님 따뜻한 품속에 안겨보고 싶구나.

아버지의 꿈

산골에 태어난 나 6살 때 급성폐렴

아버지 등에 업혀 찾아간 후생병원*

한 대의 페니실린 주사로 죽을 고비 넘겼지.

왜정 말 태어나서 6·25의 전란 겪어

격동의 세월 속에 난세를 살아오며

자손엔 험난한 세상을 물려주지 않고파.

5학년 맞으면서 도회지로 전학시켜

초·중·고 보통교육 우수하게 마쳤더니

군수나 시장이 되라는 소망덕담 하셨지.

교대를 졸업하고 서울서 교편 잡아

끈질긴 노력 끝에 교육장이 되기까지

부친의 간절한 소망 되새기며 살았지,

_____

* 후생병원 : 6.25 직후 지방에는 큰 병원이 없었을 때 군의 후생의료사업으로 운영하던 병원

따스한 어머니

어머니 따스한 품 사랑의 보금자리
편안한 등에 업혀 자라난 어린 시절
그때가 너무 그리워 보름달 우러른다.

종갓집 맏며느리 어깨 누른 무거운 짐
그래도 웃으시며 대소사를 챙기신다
주름진 넓은 이마가 훈장처럼 빛난다.

자식들 키우느라 고생하신 여자의 일생
즐거움 멀리하고 괴로움 가까이해
그 옛날 생각하면서 사모곡思母曲을 부른다.

어머니의 벅찬 사랑

조부모 증조부모 한집에서 모시고서
종갓집 맏며느리 벅찬 운명 감내하며
한 평생 여필종부*로 헌신하신 어머니.

육이오 참전했던 삼촌의 안녕위해
끼마다 요**를 떴던 어머니의 정성 보며
가족의 따뜻한 정을 가슴으로 느꼈지.

종가의 대를 이을 자식들 키워내고
숭고한 희생정신 집안기틀 세우면서
설 추석 명절준비에 분망했던 생각 나.

난 괜찮다 배부르다 너희들 더 먹어라
사랑과 희생 먹은 자식들 효도 못해
뒤늦게 깨달고 나니 애달프고 송구해.

---

* 여필종부(女必從夫) : 아내는 반드시 남편의 뜻에 따라야 한다는 뜻
** 요 : 집을 떠나 있는 식구의 식사

생전에 부모님 모시기

부모님 살아실 제 섬기기를 다해야지
생신날 잊지 않고 가족들 한데 모여
맘 편히 모시는 것이 알짜배기 효도다.

나중에 잘 모시려 미루다 세월가면
날 위해 기다려줄 부모님 안 계시니
떠난 뒤 통곡해본들 무슨 소용 있겠나.

평생을 해로하며 자식들에 정을 쏟아
높고도 깊은 사랑 가슴깊이 남기셨지
부모님 회혼식回婚式*날에 얼싸 앉고 춤도 춰.

어릴 때 키워주신 은혜를 생각하면
이 몸이 부서져도 정성을 다해야지
악사빌 달여 드리면서 좋은 기도 올린다.

---

* 회혼식(回婚式) : 부부가 결혼한 지 60년을 맞이하는 의식

부친 탄신 백주년에

일제 때 태어나서 나라 없이 살아오며
일본군 징집되어 중국전에 참전하다
민족의 해방을 맞으며 내 나라를 찾았지.

육이오 전쟁 겪고 땀 흘려 일하면서
면 의원 3번 당선 4남매 대학교육
사랑만 남겨 논 채로 하늘나라 가셨지.

탄신일 백주년에 그 사랑 잊지 못해
기일 날 추도예배 정성껏 드렸지만
애석한 불효자의 마음 가눌 길이 없구나.

어머니 품에 안겨

어머니 품속에서 자라난 어린 시절
바람에 날아갈까 넘어지면 다칠세라
따뜻한 사랑 먹으며 무럭무럭 자란 나.

일찍이 부모 떠나 유학했던 학창시절
취직 후 직장 따라 이어져온 객지생활
몸이야 떠나서 살아도 고향 노래 불렀지.

아버지 떠나신 후 홀로 되신 어머니 품
얼굴을 파묻고서 흐느꼈던 따스함에
세월이 흘러갈수록 가슴속이 아리네.

어머님의 소천

대가족 양반집에 종부로 시집와서
어른들 슬하에서 4남매 키우면서
벅찼던 시집살이에 맘 편할 날 없었지.

자식들 철들어서 효도를 알만한데
아쉬움 남겨둔 채 어머님 떠나셨네
불효자 가슴 미어져 참회눈물 솟는다.

생전에 보여주신 참사랑 잊지 못해
아버님 곁에 모셔 영생을 기원하며
이생에 못 다한 사랑 영원토록 누리소서.

손녀 서연이 대입축하

손녀딸 서연이가 열아홉 대학생 돼
세돌 때 재롱잔치 추억을 되새기며
물주고 거름도 주니 꽃송이가 벙근다.

지난 해 대학진학 꿈꾸며 도전해서
선택과 적성개발 제힘으로 이루도록
주님께 기도드리며 좋은 기를 보냈지.

자율적 판단력과 창의력을 바탕으로
학업과 직업선택 뜻대로 성취토록
보람찬 내일을 위해 더 푸르게 살련다.

서연이 대입 위해 한길로 달리더니
드디어 꿈꾸어온 대학생이 되었구나
부모의 애타는 마음 가슴 깊이 새겨라,

꿈 많은 서연이

손녀딸 서연이는 꿈 많은 아이라서
길가의 수크렁을 살포시 만져보고
궁금해 못 참겠다며 영락없이 물어와.

초등 때 하고 싶은 공부 맛 깨달았고
중학 때 친구 도와 인간애 터득한 후
고교 때 대입준비에 전심전력 했었지.

어려서 영특하며 창의력이 뛰어났고
진정한 사랑체험 인간답게 자라더니
줄기찬 노력의 결과로 여대생이 되었지.

스스로 제길 찾는 판단력을 갖췄으니
설계된 대학생활 알차게 마치면서
잎길을 개척해나가 푸른 꿈을 이루리.

외손 쌍둥이 민이와 찬이

민이는 엄마 얼굴 성격은 아빠 닮고
찬이는 아빠 모습 행동은 엄마 껌 딱지
하늘의 해와 달 같이 하나처럼 어울려.

민이는 넘 예쁘고 찬이는 다정해서
네 돌을 지나면서 뛰노는 모습 보니
둘이는 너무나 닮아서 꽃과 나무 같구나.

애들이 커가면서 어려움 닥쳐오면
내 몸이 부서져도 뭐든지 다해줄게
더덩실 춤추며 즐거운 할아버지 할머니.

앙코르와트 가족여행

인류의 문화유산 찾아가 살펴보려
식구들 뜻을 모아 세계로 향한 발길
크메르 앙코르와트 상상보다 뛰어나.

12세기 크메르족 건립한 앙코르사원
크메르 사람들의 삶의 흔적 남아있어
세계의 7대 불가사의* 신이 만든 건축물.

인공호 둘러싸인 세계최대 석조건물
정교한 돌조각에 산 역사가 숨 쉬는데
프놈펜 천도할 때에 밀림 속에 잠겼지.

아들이 주선하여 우리가족 함께하니
손녀 딸 어릴 적에 깊은 추억 남겼었지
우리들 기족어행도 역사 속의 한 장면.

---

* 不可思議 : 사람의 생각으로는 미루어 헤아릴 수 없이 이상하고 야릇함

이종사촌 자매들

어려서 부모 여읜 이종자매 만나보니
이모와 이모부의 옛 모습이 떠올라서
어릴 때 추억 되살아나 반갑고도 애달파.

부모의 보호 없이 자라온 긴긴 세월
자매간 의지하고 굳세게 헤쳐 나온
모질고 험난한 세상 외롭고도 슬펐지.

일찍이 보살피지 못했던 안타까움
올곧게 버티어온 당당한 그 모습에
감회의 눈물이 흘러 눈시울을 적시네.

두메산골 내 고향

충청도 두메산골 남한강변 내 고향은

첩첩이 둘러싸인 산 속에 자리 잡아

하늘만 빠끔히 보이는 우물 안의 개구리.

천등산天졺山 뒤로하고 지등산地졺山 인등산人졺山이

사방서 보초 서며 든든히 지켜주는

삼등산三졺山 보호를 받는 안락安樂 마을 이래요.

어릴 제 소꿉친구 이웃들 떠났지만

대이어 살아왔던 꿈에 어린 터전인데

오백 년 느티나무 홀로 고향마을 지킨다.

마을역사의 산 증인

그 옛날 느티나무 명당자리 뿌리내려
오백년 긴긴 세월 줄기차게 자라나서
하늘을 뒤덮은 모양새 위풍당당 하구나.

늘어진 가지에는 그네를 매어주고
나무의 기둥에선 아이들이 등반놀이
한여름 그늘 아래선 여름서당 열렸지.

세상이 바뀌면서 이웃들 떠나가도
한자리 초지일관 굳세게 지키면서
고향의 마을역사를 빠짐없이 전해줘.

명당자리 고향옛집

부모님 조부모님 둥지 튼 보금자리
홍수나 폭설이나 태풍이 불어와도
그 재해 막아준 자리 좋은 기가 샘솟네.

일제 때 징용 갔던 아버님 무사귀국
육이오 전쟁 중에 다친 식구 하나 없는
하늘이 점재해준 터에 먹을 것도 쌓였네.

5대조 선조께서 피난처로 낙향落鄕하여
대대로 집안가풍 이어 온 터전이라
전통이 살아 숨 쉬며 나뭇잎도 푸르다.

옛집의 행랑채

대문 밖 기둥에는 입춘 문 붙어있고
대문을 열고 보니 안채가 자리 잡아
외모로 살펴보아도 틀림없는 선비 집.

대문의 양쪽에는 두 칸 방과 디딜방아
아랫방 한문서당 강론을 벌이던 곳
윗방엔 학동 둘러앉아 배운 글을 읽었지.

집 수명 다했지만 추억이 서려있어
행랑채 헐어낼 때 서글픔 컸었지만
새집을 짓고 나서도 아쉬운 맘 여전해.

병아리 물 마시기

병아리 쌍둥이가 목말라 물마시네
사방을 살피면서 둘이서 사이좋게
그들만 통하는 언어 알아듣고 소통해.

한 모금 물마시고 하늘 한번 쳐다보고
번갈아 물 먹으며 무럭무럭 자라나니
다정한 형제 모습이 귀엽고도 대견해.

옛날의 농가에서 흔히 보던 모습인데
요즈음 어디서도 찾아볼 수 없게 되니
옛 추억 되살려내는 사진 한 장 기막혀.

소꿉친구

어릴 때 산골에서 태어난 덕택으로
물 맑고 공기 좋은 자연과 벗하면서
고향의 정겨움 먹고 나무처럼 자랐지.

동네의 또래친구 하나 둘 모여들어
500년 느티나무 유일한 놀이터라
가지에 오르는 재주 원숭이를 닮았네.

어릴 때 고향친구 하나 둘 세상 뜨고
객지로 떠난 벗들 소식이 끊어지니
벗들과 느티나무가 소꿉친구 아닌가.

소꼴 베기

힘든 일 해내면서 농사일 도와주는
고마워 소꼴 베는 주인 마음 갸륵하다
그 소가 너무나 감격해 눈물까지 흘린다.

외양간 안에 서서 눈 빠지게 기다린 소
가득 찬 꼴짐보고 만족스런 눈초리로
여물통 가득 채워주니 머리 숙여 인사해.

자녀들 교육시킬 학비를 마련코자
소 먹여 힘을 빌려 농사를 지으려면
그 소도 주인 뜻 알아 죽을힘을 다했지.

쇠풀 뜯기기

한가한 농부 손에 쇠고삐 잡아 쥐고
유유히 논둑에서 마음껏 풀 뜯기니
기쁜 소 풀에 취해서 덩실덩실 춤추네.

마음껏 풀 뜯으며 배 채운 어미 소가
주인에 고맙다고 음매음매 소리치며
꼬리를 흔들어대면서 청신호를 보낸다.

자연을 벗 삼아서 맛있는 풀을 뜯고
주인과 정든 대화 즐겁게 나누면서
열심히 일로 도와주니 너무너무 고맙지.

논 갈기

산골의 논을 갈아 물을 대고 모를 심어
햇볕에 자라나야 흰 쌀밥을 먹게 되니
땀 흘려 일해준 소가 고맙고도 갸륵해.

농가에 소 없으면 힘든 일 누가 하나
농부는 소를 보면 든든하기 짝이 없어
외양간 소 돌보기에 있는 힘을 다 쏟아.

온순한 성격에다 인내심 강한 소가
미덥고 뜸직해서 주인이 감동되어
배불리 먹일 수 있도록 정성 다해 돌본다.

길마

길마에 짐을 싣고 농부가 걸어간다
등 양쪽 나눠지고 앞길만 바라보며
자갈 밭 신작로 길로 평화롭게 유유히.

농부와 짐 진 소가 편안한 마음으로
자연의 맑은 공기 마음껏 마시면서
즐겁게 유람 가는 기분 나들이가 가볍다.

평소에 사랑 나눈 끈끈한 정이 있고
주인과 소의 마음 하나같이 즐거우며
소통이 잘 되어가니 힘이 절로 솟는다.

신작로

들판에 새로운 길 올곧게 뻗어 있고
흰 구름 먼 산 위를 맴돌며 놀아날 때
버스가 뽀얀 먼지 날려 적막 깨고 달려와.

지평선 평화로운 들판의 대지 위를
뚫고서 질주하는 덜컹대던 자갈밭길
옛일을 곱씹어보니 지난 추억 생각나.

도로가 포장되니 먼지도 안 나면서
쌩쌩쌩 달려가도 부드럽고 경쾌하니
더 밝은 내일을 열어갈 지름길을 열어라.

5일장 가는 길

70년대 우리농촌 5일장 가는 길은
짐 지고 소를 몰며 먼지 나는 신작로길
충주 장 찾아가는 길 한가롭고 널찍해.

농산물 내다 팔고 생필품 사오지만
수입은 적은데다 살 것은 너무 많아
농부의 휘는 허리를 가눌 길이 없었지.

오늘날 포장된 길 자동차를 타고가고
농촌이 부자 되어 넉넉히 잘 살지만
그 옛날 못살던 시절이 추억 속에 아련해

뻥튀기

한적한 시골 장날 구경하며 지나가다
뻥튀기 아저씨가 뻥 소리 터트리니
길 가던 나그네들이 귀를 막고 움츠려.

옛날에 정겨웠던 인정이 넘쳐나는
그 장면 생각하니 갑자기 군침 돌아
가게 앞 서성거리다 옛 친구를 만났지.

옛일을 생각하며 맛있게 먹어봐도
그 시절 가슴 울린 감동은 간데없고
흘러간 추억으로 남은 어린 시절 보고파.

볏짚으로 이엉 엮기

추수를 끝낸 다음 추운겨울 앞두고서
초가집 지붕위에 새 옷을 입혀줘야
눈비를 피해가면서 따뜻하게 겨울나.

볏짚을 엮어내어 마당에 가득 차면
둥그런 덩어리로 두루 말은 용마름을
지붕에 메고 올라가 이불처럼 덮었지.

해마다 이엉으로 겹겹이 덧입혀서
두터운 겹이불로 추위를 견뎠지만
초가집 자취를 감추니 어디 가서 맛볼까.

초가지붕 잇기

초가집 지붕 위를 이엉으로 덮어주면
하늘서 내려오는 눈비를 막아주고
햇볕을 가려주어서 포근하고 아늑해.

해마다 잇다보니 지붕에 덧쌓이면
겹겹이 두터워져 톡톡한 이불처럼
가족들 정을 나누며 겨울철이 따뜻해.

오래된 지붕 속엔 참새가 숨어들고
굼벵이 곤충들도 따뜻한 겨울 나며
후덕한 초가집 인심에 구수한 삶 맛봤지.

새집의 가을맞이

산골의 고향집이 낡고도 허물어져
새로이 집을 짓고 마루에 걸터앉아
밤하늘 우러러보니 하늘마저 새롭다.

무더운 여름 가고 선선한 바람 부니
별들이 반짝이는 은하수 바다 위에
돛단배 저어가는 달에 뱃사공은 안 보여.

살인마 폭염 속에 목청 높던 매미들도
자연의 섭리대로 자취를 감추더니
글 읽는 귀뚜라미소리 베갯머리 적신다.

장독대

정겹게 손님 맞아 반겨주는 장독대는
전통적 장의 맛을 이어오는 터인지라
살림이 넉넉할 때엔 풍성하고 아늑해.

항아리 옹기종기 모여 있어 정다웁고
단란한 가족들의 사랑이 담겨있어
장독은 어머니 가슴 모든 것이 풍족해.

독마다 가득 채운 항아리 열어보니
고추장 된장 간장 골고루 갖춰져서
음식의 맛내는 비밀 보물단지 였구나.

그리운 교향산천

고향의 앞산 뒷산 풍광이 아름답고
그 사이 강물 흘러 물고기 뛰어노니
산과 강 한데 어울려 조화로운 동양화.

봄에는 꽃이 피고 여름엔 녹음방초
가을엔 단풍 들고 겨울이면 눈에 덮여
사계절 활기 넘치는 살기 좋은 내 고향.

후덕한 인심 속에 이웃 간 정 나누며
남 위해 베풀면서 오손 도손 살아가는
삼 등산* 품속에 안겨진 우리 마을 좋구나.

---

* 삼등산 : 천등산天좤山, 지등산地좤山 인등산人좤山을 말함

고향마을의 변모

산골의 맑은 강물 충주댐의 호수되니
물속에 파묻혀서 상전벽해 되었구나
낚시꾼 몰려들더니 낚시터로 변했군.

강물이 연못 되니 어종도 바뀌어서
피라미 몰아내고 붕어가 자리 잡아
낚시꾼 복장과 자세도 주인공도 달라져.

큰물이 들어오니 환경이 변화되어
사람들 떼어놓고 마을도 갈라놓아
위대한 물의 능력으로 물나라가 되었네.

고향무정

뒷산이 막혀있고 마을 앞엔 강물 흘러
동서가 뚫려있고 남쪽이 트여 있어
주거의 명당조건인 배산임수 딱 맞아.

건너말 호수되어 뿔뿔이 흩어지고
뱃길이 열리면서 풍광이 바뀌더니
오가는 발길 끊어져 딴 세상이 되었군.

충주호 상류 되며 낚시꾼 모여들고
외지의 사람들이 벅적벅적 대다보니
후덕한 고향인심은 온 데 간 데 없구나.

홍수의 충주호

고향에 흐르던 강 천혜의 청정지역
물고기 뛰어노는 천렵川獵*의 명소라서
풍류객 발길 이어져 인기 높던 내 고향.

충주댐 건설하여 호수의 상류 되니
낚시꾼 몰려들어 환경파괴 이어지고
장맛비 홍수 밀려와 흙탕물로 가득 차.

육지가 호수되어 기후가 달라지고
걸어서 가던 길을 배 타고 건너가고
관광객 오고가더니 명승지가 되었네.

---

* 천렵(川獵) : 냇물에서 고기잡이하는 일

애틋한 귀향길

부모님 떠나시고 내 나이 팔십 되니
정겨운 고향친구 하나 둘 사라지고
낯 설은 새 이웃들은 등 돌리고 앉았다.

걸어서 다니던 길 시내버스 타고 가고
자가용 운전하여 고향 길 가봤더니
어릴 적 추억 서려있는 자갈밭길 그립다.

산천은 예나 제나 옛 모습 그대론데
사람이 바뀌었고 생각도 변했지만
애틋한 고향의 정만은 뿌리 깊이 박혔네.

고향방문 환영

태어나 어릴 적에 고향땅에 살아오다
따뜻한 품을 떠나 타향살이 하면서도
어머니 품속 같은 고향 달려가고 싶었지.

바쁜 일 잠시 접고 조용히 눈 감으면
꿈에 본 내 고향이 그림처럼 펴오르고
어릴 때 뛰놀던 친구들 눈물겹게 보고파.

출향한 인사라고 반겨주는 고향 분들
정겨운 대화 속에 따스한 정 살아나고
고향의 까마귀만 봐도 반가워서 눈물 나.

재경충주향우회

국토의 한복판인 중원에서 태어나서
서울에 진출하여 힘겹게 살아오다
향우회 참석해보니 따뜻한 정 살아나.

충청도 두메산골 떠나서 상경하여
도시에 발붙이기 외롭고 힘들어도
정겨운 고향사람들 의지하며 살았지.

고향의 선후배가 미덥고 든든해서
대화를 나누면서 산 경험 주고받아
이제는 서울생활도 고향처럼 편안해.

안개 낀 고향 길

한적한 고향 길에 안개가 자욱한데
자동차 불을 켜고 스르르 달려오니
옛날의 울퉁불퉁하던 자갈밭길 생각나.

그 옛날 털털대던 신작로로 다니다가
소음이 사라져간 포장도로 달려가니
먼지를 날리며 달리던 옛날 모습 그립다.

가로수 벚꽃들이 활짝 핀 꽃길 따라
옛 친구 손을 잡고 오손 도손 걸어보니
안개 낀 추억의 고향 길 정겹고도 따스해.

벼랑길

강물을 끼고도는 꾸불꾸불 산골길에
산 중턱 벼랑길이 말끔하게 포장되니
지형을 잘 살린 도로 내 인생길 닮았네.

어릴 때 터벅터벅 걸어서 다니던 길
이제는 시내버스 하루에 여섯 번씩
편리한 세상살이에 행복감을 더한다.

장마에 산사태로 벼랑길 덮어버려
한 동안 길 막혀서 불편을 겪어보니
편하게 고향길 오갔던 고마움이 절실해.

고속도로 뚫리니

고요한 산골 마을 터널 뚫고 다리 놓아
뻥 뚫린 고속도로 자동차가 달려가니
잠자던 산신령 깨어나 고개 들고 쳐다봐.

눈뜨고 바라보니 적막 깨고 요란하게
못 보던 물건들이 왔다 갔다 분주하니
세상이 변화한 모습에 잠들 수가 없구나.

산천의 적막 깨고 요란한 차량행렬
쾌속의 너른 길로 달려가는 승객들은
발길을 재촉하면서 제길 가기 바쁘네.

꼬까 입은 앞산

고향집 앞산 가득 단풍이 무르익어
찾아든 가을 맞아 풍요로운 잔치 벌여
눈뜨고 바라만 보아도 가슴속이 뿌듯해.

앞산에 그늘져서 어둡고 무겁지만
동쪽 끝 먼 산 빛은 가볍고 경쾌하니
보는 이 생각에 따라 느낌 또한 달라져.

고향집 드나들며 아침저녁 보던 앞산
사철이 지나간 걸 아는지 모르는지
눈 감고 추억에 잠기니 삼라만상 다 보여.

앞산의 동양화

만발한 목백일홍 사이로 뵈는 풍경
앞산을 건너뛰어 먼 산을 바라보니
희미한 안개에 휩싸인 그 모습이 아련해.

먼 산엔 뼈가 없고 먼 나무엔 가지 없는
그림의 원리 따라 원·중·근경 조화 이뤄
한 폭의 명화가 되니 오래 두며 보고파.

눈 뜨면 바라보던 늘 있던 풍경인데
어떨 땐 아름답고 때로는 무덤덤해
마음이 풍요로울 때만 동양화가 그려져.

모교 터에 공원이

옛날의 모교 터에 들어선 삼탄공원
주민의 놀이터와 쉼터로 쓰여 지니
편안히 쉬면서 즐기는 유원지가 되었네.

뛰놀던 운동장이 가족들의 놀이공원
이웃과 손잡고서 춤추고 노래하며
화합의 한마당 되니 살맞나는 내 고향.

꿈 많은 어린 시절 넓었던 운동장이
오늘 와 다시 보니 비좁고 초라하네
아마도 나의 안목이 넓어진 탓 아닐까.

향나무카페

고향집 향나무 밑 휴식 공간 마련하여
원탁의 식탁둘레 나무토막 의자 놓고
가족이 삑 둘러앉으니 안성맞춤 카페야.

자연과 벗하면서 음식을 먹어보니
도심서 먹던 것과 또 다른 맛을 느껴
고향집 분위기 덕이라 조상님께 감사해.

태어난 집을 떠나 객지에서 살아오다
어릴 때 정들었던 고향집 돌아온 나
마음이 풍요로우니 옛 추억이 아련해.

고향집에서 본 새경치

고향집 데크 마루 낡아서 허물어져
말끔히 돌을 붙여 매끈하게 수리하니
돌 마루 위에서 보이는 앞산 풍경 새로워.

대문을 새로 세워 돌층계를 만든 다음
수도를 개량하고 조명으로 불 밝히니
새 집에 이사 온 것처럼 행복해진 가족들.

느긋이 걸터앉아 고향산천 바라보니
확 뚫린 고속도로 달려가는 자동차들
새로운 고향집에서 본 새 경치가 산뜻해.

첩첩산중마을의 꽃밭

내 고향 첩첩산중 정암 마을 입구에는
나무와 풀꽃들이 조화이룬 꽃밭 있어
오가는 주민들 마음이 풍요롭고 살맛나.

처음엔 주민 몇이 조촐하게 가꿨는데
몇 해를 지나가니 자연의 정원처럼
산과 들 조화를 이룬 풍경화가 되었네.

마을을 사랑하는 마음 모아 시작한 게
소문의 바람 타고 방문객 늘어나니
새마을 성공사례로 알려지게 되었지.

고향 앞산에 눈 내려

낙엽송 곧게 뻗어 하늘을 찌르는데
겨울의 추운 날씨 포근한 느낌 들어
고향의 마을 앞산에 큰 눈 올 것 같구나.

눈 내려 쌓이면서 새하얀 세상 되어
발길이 꽉 막혀서 오도 가도 못할 때엔
눈 녹아 해동될 때까지 옴짝달싹 못했지.

산 넘어 훈풍 불고 새봄이 다가오면
꽃피고 새가 우는 앞산에 가고 싶어
추위를 참고 견디며 봄이 오길 고대해.

진정한 친구

어릴 때 고향에서 정을 나눈 소꿉친구
초·중·고 학교에서 동문수학 학동친구
대학 때 형제자매들 어디 가서 뭘 하나.

젊은 날 직장에서 함께했던 생활동료
취미를 같이하며 정 나누던 동호인들
언제쯤 헤어졌는지 생각조차 안 난다.

그 많던 친구 모습 기억도 희미한데
가까이 자주 만나 깊은 정 이어가는
세상 끝 함께 갈 친구가 진짜친구 아닌가.

가족묘지

고향집 뒷동산에 가족유택 마련하여
11대 선조부터 조상 묘를 모셨더니
생전에 함께 살았던 가족같이 다정해.

추석 전 벌초하며 온 가족이 정 나누고
명절 때 한자리서 역대조상 성묘하니
눈에는 안 보이는 조상 뿌리 되어 뻗는다.

묘소가 이산 저산 흩어졌던 그 옛날에
벌초나 성묘할 때 불편했던 생각하면
얼마나 다행한 일인지 눈물 나게 고맙지.

모내기

살얼음 연주곡

석양의 초승달 그림

얼음 속의 미라

눈 고슴도치

설호

제2부 아름다운 자연

Part II. In the Arms of Nature

꽃피는 4월

4월이 다가 오니 꽃들이 활짝 웃어

저마다 얼굴 들고 예쁘게 봐달라며

잠에서 깨어난 꽃들이 앞 다투어 손들어.

유채꽃 활짝 피어 들판을 꽉 메우고

진달래 개나리가 산과 들 뒤덮어서

저마다 장기자랑하며 잘났다고 뽐내요.

날씨가 따뜻해져 즐거운 마음으로

가족들 나들이로 산과 들 찾았더니

꿈에도 잊을 수 없던 고향모습 떠올라.

고향의 봄

개나리 진달래가 피었다 지고 나서
목련과 살구꽃도 뒤이어 피어나고
활짝 핀 복사꽃들이 나의 눈을 유혹해.

산 너머 남촌에서 훈풍이 불어오고
앞산의 산벚꽃이 온산가득 피어나니
연두 빛 희망을 실은 고향의 봄 깊어져.

벚꽃이 연이어진 고향 길 걸어보니
향수에 젖는 마음 예나 제나 변함없고
산천은 그대로인데 고향 민심 어디에.

고향의 산안개

내 고향 두메산골 안개가 자욱하니
희미한 옛 추억이 아련히 떠올라서
추억을 한 아름 안고 달려가고 싶구나.

산에는 무성하게 자라는 나무 틈에
산나물 약초들이 숨어서 기다리고
멧새와 산짐승들이 숨바꼭질 하는 곳.

모든 걸 숨겨주고 보물을 안겨주는
산 좋아 산 속에서 자연과 벗하면서
산 노래 메아리소리가 내 마음을 당기네.

비 내리는 고향산천

고향에 비 내리니 산천이 울어주고
사람들 집안에서 살림살이 챙기지만
나무들 생명수 마시고 신이 나서 춤춘다.

빗물이 흙탕물 돼 강으로 흘러들면
물고기 왔다갔다 눈에는 안 보여도
낚시와 쳐놓은 그물에 걸려들기 쉬운 날.

가뭄에 오는 비는 반갑기 그지없고
장마 때 퍼붓는 비 지겹고 야속하니
오늘에 내리는 비는 손님인가 원수인가.

호숫가의 추억

잠에서 깨어나서 호숫가의 이른 아침
물안개 자옥하게 모락모락 퍼오르니
정겨운 옛날 생각이 아련하게 떠올라.

한동안 넋을 잃고 안개에 취해있다
햇살이 퍼지면서 스르르 사라지니
꿈속을 헤매던 기분 몽롱하고 멋쩍어.

둘레길 한 바퀴를 무심코 돌아보니
어릴 적 즐거웠던 물놀이가 생각나서
옷 벗고 뛰놀던 여름 그 시절이 그리워.

모내기

소만小滿*이 지나가고 망종芒種**이 다가오니
논에다 물을 대어 써레질해 삶아놓고
벼 나무 심어놓는다 가로세로 줄맞춰.

모내기 농사철엔 이웃끼리 협력하여
날 잡아 모를 내며 큰일을 치르듯이
일 잔치 벌여가면서 흥겨움도 곁들여.

요즈음 모판채로 이양기移秧機에 올려놓고
손 아닌 기계를 써 편리하게 모를 내니
힘들여 일하던 옛 모습 다시보고 싶구나.

---

* 소만小滿 : 본격적인 농사가 시작되는 8번째 절기
** 망종芒種 : 씨앗을 뿌리는 적기인 9번째 절기

천둥·번개 치는 날

폭풍우 몰아치니 나무가 흔들리고
우르릉 쾅쾅 소리 연이어 들려와서
불안한 공포분위기에 제 정신을 못 차려.

번갯불 번쩍이고 천둥소리 요란하니
피해를 막아보려 조급해진 마음으로
하던 일 집어치우고 비설거지 했었지.

산짐승 날짐승들 숨을 곳에 찾아들고
예보는 모르지만 육감으로 위험 느껴
어미의 보호를 받으며 급한 위기 넘기네.

저녁놀

석양의 붉은 햇빛 하늘을 뒤덮으니
갈매기 간데없고 구름도 멀어져가
모두가 캄캄한 밤이 무섭다고 도망쳐.

일출과 일몰 때에 태양의 찬란한 빛
인간의 감성 자극 예술작품 소재되어
저녁놀 황홀한 풍경이 깊은 여운 남기네.

불타다 사라지는 저녁놀 바라보며
한 폭의 그림 같은 하루를 돌아보고
감사의 기도드리며 밝은 내일 기약해.

황혼

여름철 맑게 갠 날 뜨겁다 해질 무렵

해넘이 서쪽 하늘 빨갛게 물들여서

온천지 진홍색으로 물감 풀어 놓은 듯.

하늘을 가득 채운 화려한 풍경보고

사방서 떼 지어서 관람객 몰려들어

자연의 변화무쌍한 분위기에 취했지.

저녁놀 나타나면 아침에 맑게 개고

아침놀 보인 다음 저녁에 비 온다는

경험을 쌓아가면서 오늘까지 살았지.

석양의 초승달

황혼이 짙어갈 때 벌판을 달려가다
떠 있는 초승달과 붉게 탄 석양빛에
나그네 마음 설레어 카메라에 담았지.

아침에 해가 뜨고 저녁에 해가 지며
하루도 빠짐없이 세월은 흘렀지만
오늘의 찬란한 석양은 상서로운 진풍경.

해 지고 캄캄한데 하늘에 혼자 남아
희미한 조각달이 밤길을 비춰주니
등 없는 길손에게는 어둔 밤을 밝혀줘.

회오리 구름

석양에 찬란하게 치솟는 구름 모습
장관을 연출하니 가던 길 멈추고서
모두들 무아지경에 빠져들고 말았지.

회오리 바람 따라 깔때기 구름 되어
갑자기 몰려들어 하늘을 뒤덮으니
바람에 휩싸이면서 하늘 높이 치솟아.

조용한 바닷가에 저녁놀 구경하던
관객들 흥분하고 돌풍이 휘몰아쳐
황홀한 회오리구름이 거세질까 두려워.

초평호의 새벽

진천의 초평호에 여명이 다가올 때
자그만 배 한척이 외로운 섬을 향해
고요한 적막을 깨면서 살금살금 다가가.

물고기 먹이 찾는 해 뜨는 시각 맞춰
낚시질 해보려고 서둘러 노를 저어
외딴 섬 찾아 나서는 부지런한 낚시꾼.

고요한 저수지의 풍경에 어울리게
노 젓는 작은 보트 모습이 정겨워서
한 폭의 동양화 같은 분위기에 빠졌지.

여명의 충주호

충주댐 막고 나서 호수로 뒤덮이니
옛날에 육지였던 강과 땅 물에 잠겨
기후의 변화가 생겨서 못 보던 일 생겼다.

새벽에 물안개가 자욱이 피어나서
뜨는 해 빛을 받아 환상적 분위기로
호수의 여명을 장식해 환생하여 돌아와.

골짜기 맑은 물은 바닥에 잠겨있고
낚시꾼 모여들어 고깃배 통통거려
어릴 때 노닐던 강물이 눈에 선해 보고파.

초원의 빛

드넓은 초원 위에 밝은 빛 비추이니
온 천지 푸른 세상 평화롭고 아름다워
희망찬 녹색의 물결 멀리멀리 퍼져라.

찬란한 대지위에 태양의 빛을 받아
식물은 힘을 얻어 열심히 생산하고
동물은 식물을 먹고 풍족하게 살아라.

만물의 영장이란 인간이 책임 다해
동식물 조화로운 환경을 만들면서
창조주 뜻을 받들어 생태계를 보존해.

녹색의 향연

해맑은 가을 날씨 골프장 연못가에
잔잔한 수면 위로 초록빛 덮었으니
한 폭의 동양화처럼 평화롭고 산뜻해.

녹색의 잔디밭에 외로운 나무하나
하늘의 반영들이 물속에 잠겨있어
조용한 녹색의 잔치가 벌어지고 있구나.

잔잔한 수면위에 비치는 녹색그림
센바람 불어오고 물새라도 날아들면
물결로 평화론 분위기 깨어질까 두려워.

빛 내림

구름을 뚫고 내린 태양빛 경로에는
서광이 비치는 듯 황홀한 느낌 주어
사진가 눈을 자극해 작품으로 남겼지.

안개 낀 공기 중에 떠있는 부유물이
햇빛을 만나더니 반사된 빛을 보내
몽환적 분위기 되니 신비롭고 몽롱해.

어두운 환경에서 빛줄기 곧게 비춰
하늘이 보낸 서광 앞길을 밝혀주니
신성한 영감에 힘입어 밝은 내일 오겠지.

단양8경 중 도담삼봉

소금강 옥순봉과 거북모양 구담봉이

수중의 도담삼봉 깎아 세운 석문 함께

돌과 물 조화를 이루어 단양팔경* 되었지.

팔경 중 으뜸가는 도담의 삼봉형제

옛 모습 변함없이 정겹게 서 있는데

너무나 고요한 분위기 적막감이 쌓이네.

멀리서 달려오는 요란한 모터보트

큰 물결 일으키며 휘돌아 지나가며

묘기를 연출해 보이니 멋진 풍경 탄생해.

---

* 단양팔경 : 충청북도 단양군 주위에 있는 8개의 명승지(옥순봉, 구담봉, 도담삼봉, 석문, 상
  선암, 중선암, 하선암, 사인암)를 말한다.

옥순봉 출렁다리

명승지 단양팔경 옥순봉 건너가는
길고 긴 출렁다리 물위에 개통하니
관광객 몰려들어서 서로 먼저 건너자.

다리를 건너다가 발아래 굽어보니
잡은 손 흔들리고 다리도 후들거려
먼 산만 바라보면서 의젓하게 걸었지.

수려한 자연경관 조화이룬 출렁다리
관광객 불러와서 생생한 체험하니
영원히 잊을 수 없는 깊은 추억 남겼네.

내일을 향한 도약

신록이 무성했던 여름날 산위에로
힘차게 솟아오른 뭉게구름 정기 받아
젊은 이 용기를 얻어 꿈을 품고 도전해.

구름의 힘을 받고 사기가 충천하여
강인한 의지로서 굳세게 전진하며
난관을 극복해내면 더 큰 꿈이 펼쳐져.

머리는 구름 위에 드높은 희망 품고
내 발은 땅을 딛고 한 계단씩 오르면서
더 밝은 내일을 위하여 한발 한발 다가가.

광란의 구름

여름이 지나가고 가을이 다가오니
하늘은 높아져서 파랗게 물들었고
구름은 제철을 만나 하늘가득 뒤덮어.

펼쳐진 파란 하늘 상쾌한 감동주어
조용히 지나자니 외롭고 심심해서
뭉치고 밀쳐내면서 힘겨루기 하였지.

빈자리 치지하며 공간을 넓히려고
안간힘 써가면서 맹렬히 경쟁하다
거칠고 미친 구름 되어 온 하늘을 덮었네.

늦가을이 되면

아침에 안개 끼고 날씨가 선선해서
나뭇잎 단풍들고 해는 점점 짧아지니
생물들 움츠러들어 겨울날 일 걱정해.

식물은 씨앗 맺어 다음 해를 대비하고
동물들 땅을 파고 겨울잠 준비하니
우리도 한해의 결실을 알뜰하게 거두세.

꽃 피고 새가 울며 단풍철 지나가면
나뭇잎 떨어지고 추운 겨울 닥쳐오니
새하얀 눈꽃 피고지면 내년 봄이 오겠지.

앞산 상고대 파노라마

한겨울 넓게 트인 앞산을 바라보니
은백색 상고대가 연이어 피어나서
온산을 흰 꽃으로 덮어 꽃동네가 되었네.

간밤에 습한 공기 기온이 내려가니
너른 산 눈꽃처럼 황홀한 수를 놓아
좀처럼 드러내지 않던 귀한 풍경 선보여.

눈꽃을 오래오래 두고 보면 좋으련만
따뜻한 바람 불면 사라지고 말 터이니
훈풍이 다가오기 전에 시조 한 편 써두자.

충주호의 상고대

기온이 뚝 떨어져 몹시 춥던 겨울날에
충주호 물가에서 수면을 살피다가
화려한 상고대를 보니 황홀해서 취했지.

평소엔 뵈지 않던 눈꽃을 만났으니
보는 이 감동되어 넋을 잃고 바라보며
하늘이 내려주시는 복이라고 여겼지.

눈 들어 호숫가를 이리저리 살펴보니
꿈같은 상고대가 연이어 펼쳐있어
환상적 하얀 눈꽃으로 충주호를 덮었네.

눈 내리는 날

앞산에 내리는 눈 어둔 산에 나부끼니
아련한 추억들이 불현 듯 떠올라서
강아지 앞장세우고 눈길 산행 나섰지.

눈 오면 복술이가 미친 듯 설쳐대고
산짐승 눈 속에서 먹이 얻기 힘들어서
민가에 찾아내려와 이곳저곳 살피네.

흰 눈이 쌓인 채로 여러 날 계속되면
산새들 방앗간에 먹이 찾아 날아들고
이웃들 손을 모아서 토끼몰이* 했었지.

---

* 토끼몰이 : 겨울 산에 눈이 쌓였을 때 토끼 길목에 그물을 쳐두고 여러 사람이 반대편에서
　　　　　줄맞추어 산토끼를 몰아서 사냥 하는 방법.

눈꽃나무

흰 눈이 쏟아져서 나무를 뒤덮으니
싱싱한 푸른 잎이 눈꽃으로 변했구나
나무 잎 푸르나 희나 생기 넘친 옷자락.

눈꽃이 무거워서 바람에 휘날리니
떨어져 없어질까 보는 이 안타깝다
애들아 살아있을 때 눈꽃구경 즐기자.

오늘은 하늘에서 축복을 내리신 날
모두가 복을 받아 값진 삶 누리면서
눈꽃이 펴있는 날까지 행복노래 부르자.

눈 덮인 풀밭

메마른 풀밭위에 폭설이 내려앉아
하얗게 뒤덮으니 눈꽃밭이 되었구나
새하얀 눈 덮인 언덕이 복스러운 꽃동산.

풀들이 들쑥날쑥 여기저기 차지하고
질서가 없으면서 제멋대로 서있지만
흰 눈이 이불을 덮으니 온 세상이 깔끔해.

흰 눈이 덮어버려 추한 꼴 숨겼지만
눈 녹아 벌거벗은 모습이 되기 전에
마음을 가다듬어서 밝은 세상 만들자.

장독대의 그림자

눈 온 뒤 맑게 갠 날 줄을 선 장독대가
유난히 반짝이며 시선을 끄는 구나
그림자 길게 늘어져 빈 공간을 채워줘.

첫째 줄 장독들이 한줄 가득 차지하고
둘째 줄 장독절반 그림자 반 채우더니
셋째 줄 그림자로만 앞과 뒤를 메웠네.

눈 쌓인 장독대엔 포근한 꿈이 있어
아이와 강아지가 정겹게 쳐다보니
소복이 덮인 눈 위에 큰 행운이 내리길.

눈 고슴도치

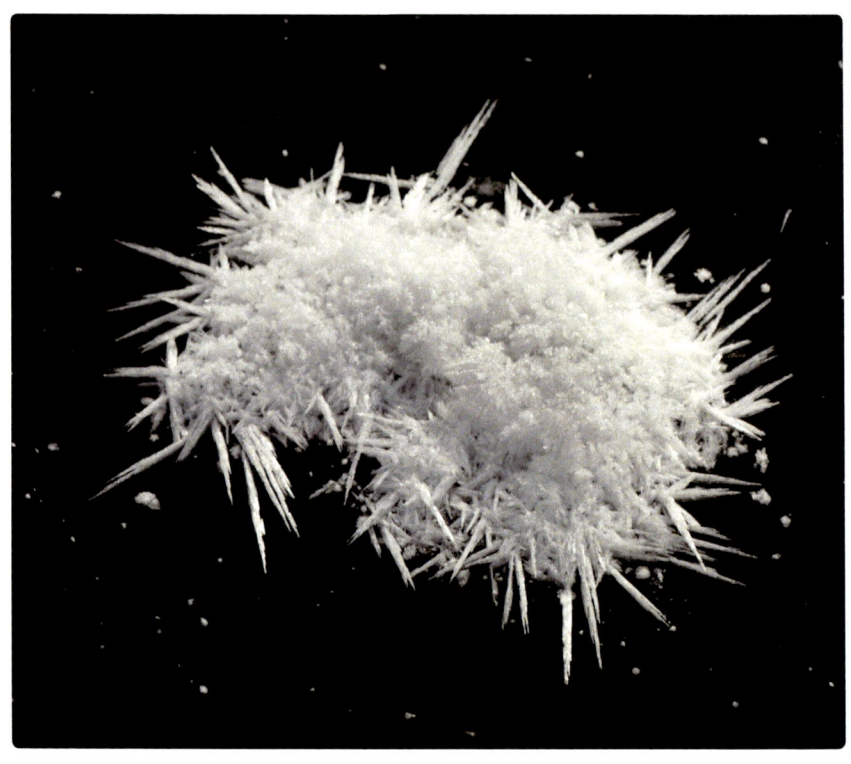

눈 내린 빙판 위에 모여든 눈결정이
둥글고 날카로워 예사로 안 보여서
까칠한 고슴도치로 착각할 뻔 했구나.

잠시 후 눈 녹으면 흔적도 없을 텐데
날씨가 추운 덕에 그 모습 남아있어
순간의 예쁜 모습을 보여주니 고마워.

인간이 살아생전 뜻하지 않은 행복
고마움 잊지 말고 사진에 담아두어
후세에 귀중한 자료로 남겼으면 좋겠네.

설호雪狐

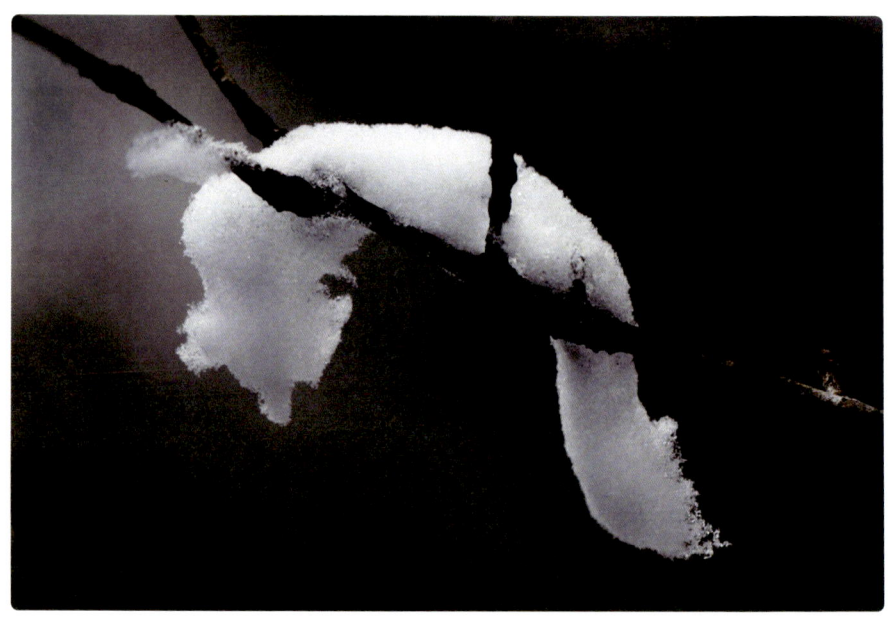

눈 내린 나뭇가지에 잔설이 걸렸는데
고개를 푹 숙이고 불안하게 걸쳐있어
그러다 배가 고프면 떨어질까 걱정돼.

억지로 붙어있어 힘 빠진 그 모습이
바람에 날아갈까 가엾기 그지없어
행여나 노심초사해 자리 뜰 수 없구나.

자세히 쳐다보니 환상적 그 모습이
매달린 벌레인 듯 앉아있는 산새인 듯
여우를 빼닮았으니 설호雪狐라고 부르자.

얼음 속의 미라

초겨울 냇가에서 살얼음이 얼었는데
물속의 식물까지 미라처럼 엉겨 붙어
찬란한 조각품 되어 내 마음에 감동 줘.

기온의 변화 따라 물 되고 얼음 되어
모양이 달라지니 놀랍고도 신기하네
모두가 조물주 솜씨 우리 눈엔 안 보여.

그대로 옮겨놓아 원형을 보존하면
영원히 명 작품을 감상할 수 있으련만
녹아서 없어지는 걸 막을 길이 없구나.

살얼음 연주곡

첫 추위 맞이하여 살얼음이 얼었구나
얕은 물 냇가에서 돌 위에 올라앉아
물결을 붙잡아 매어 연주곡을 그렸군.

얼음이 얼면서도 여러 가지 모양 되어
잘 갈은 칼날같이 날카롭고 거칠거나
고요한 물결 모양으로 섬세함도 보여줘.

이처럼 아름다운 악보를 연주하면
어떠한 음향으로 들려올지 궁금하니
최신형 컴퓨터에 넣고 열어봐야 하겠네.

얼음폭포

폭포에 얼음 얼고 흰 눈이 덮었으니
온 세상 만물들이 얼어서 붙었어도
내마음 가슴속에서 훈훈하고 따뜻해.

겹겹이 얼어붙은 폭포묶음 장관이라
섬세한 그 모습이 예사롭지 아니하니
거룩한 신의 한수로 만들어진 걸 작품.

얼음이 녹아내려 물줄기 살아나면
세차게 흘러내려 시원한 폭포될 터
오묘한 자연의 섭리는 무궁무진 하구나.

빙화氷畵

연못의 얕은 물에 얼음이 얼었구나
물풀이 얼음 속에 산채로 박혀있어
질감이 너무 선명해 그림보다 실감나.

수초가 얼음 속에 꽁꽁 언 실물그림
아무리 잘 그려도 이보다 선명할까
빼어난 빙화 모습에 생동감이 넘친다.

자연의 신비롭고 조화이룬 현상으로
얼음과 물의 모습 온도 따라 변해가는
자연의 현상법칙대로 만들어진 걸 작품.

얼음 속의 계류溪流

한겨울 얼음 속에 흐르는 물소리가
귓전을 울리면서 호기심을 자극하여
그 모습 알고 싶어서 자세하게 살폈지.

겉에는 얼음 층이 두텁게 얼었지만
속에선 물줄기가 힘차게 흘러가니
얼음 속 흐르는 물줄기 그칠 줄을 모르네.

강력히 힘을 쓰는 단단한 얼음인데
따뜻한 봄이 오면 자취도 없을 테니
인간의 권불십년이란 교훈과도 상통해.

산 속의 고드름

산 속의 돌에 붙은 고드름 한 아름이
옥구슬 매어단 듯 대롱대롱 붙어 있어
그 모습 너무 깔끔해 혼자보기 아까워.

다정한 고드름이 처마 끝에 매달리면
아이들 쳐다보며 신기해 반할 텐데
꼬마들 멀리 있으니 재미없어 어쩌나.

보는 이 많아야만 인기가 높을 텐데
산속에 자리 잡고 외롭게 서 있으니
지나는 나그네 마음을 안타깝게 하누나.

겨울 냇가 돌다리

눈 오는 냇가에서 정겨웠던 고향생각
어릴 때 쏘다니던 추억이 생생한데
옛 친구 만날 길 없고 강산마저 변했네.

얼음 속 달려가는 물고기 몰고 가다
멈춰선 참마자를 얼음 깨고 잡으려다
물속에 빠져 헤맸던 기억들이 생생해.

물고기 잡으면서 썰매 타던 그 시절이
그립고 보고파서 눈물이 앞을 가려
돌다리 건너뛰다가 물에 풍덩 빠졌네.

중원골프클럽의 겨울

그 옛날 어린 시절 험난했던 산이었지
고향에 오고가다 공사현장 보면서도
이곳이 골프장될 줄은 생각조차 못했지.

기발한 산악코스 홀마다 특징 있어
전국의 골퍼들이 단골로 찾아드니
깊은 산 풍광에 반해 신비로운 라운딩.

겨울철 산의 설경 산뜻하게 눈을 끌어
고향에 가는 길에 걸음 멈춰 바라보니
날씨가 풀리는 대로 어서 오라 손짓해.

호암지의 변천

충주의 호암지에 벚꽃이 만발하여
오가는 시민들의 낚시터와 산책코스
물놀이 더위를 식혀준 시민들의 휴식처.

인공의 저수지가 수질오염 심각하니
전 시민 동참하여 새 환경 만들려고
선보인 호암근린공원 큰 희망을 걸었지.

우리 꽃 우리나무 생태환경 조성하여
자연의 학습 공간 건강한 환경 꾸며
시민이 참여하는 숲 환영받고 있어요.

청풍문화재단지

고려 때 청풍관아 한벽루와 팔영루에
조선 때 금남루와 청풍향교 한데 모아
새로이 꾸민 문화유산 더 멋지게 보이네.

단지를 둘러보니 구담봉과 옥순봉이
비봉산 금수산과 능강구곡 어우러져
천혜의 단양팔경으로 명승지가 되었네.

때마침 유람선이 선착장 벗어나서
호수를 가르면서 뽀얀 물살 뿜어내니
하늘에 떠오른 달도 기분 좋아 춤춘다.

중앙탑

남한강 끼고 있는 평평한 대지 위에
세워진 중앙탑*은 2층의 기단 위에
7층의 석탑으로서 눈부시고 화려해.

삼국의 전진기지 교통의 요지로서
통일된 신라영토 남과 북 중간지점
수려한 경관과 어울려 값지고도 귀하다.

신라 때 불교유적 석탑 중 최대 규모
중앙에 자리 잡은 문화재 국보로서
오늘날 관광명소로 각광脚光받아 흐뭇해.

---

* 중앙탑 : '충주 탑평리 7층 석탑'을 말하는데 통일신라시대 국토의 중앙지점에 세워진 높이
　14.5m 화강암 석탑으로 1962년 국보 제6호로 지정되었다.

중앙탑공원 무지개길

강물 위 산책로에 설치한 무지개길
충주호 남한강변 경관과 어우러져
야간에 조명등 밝히니 눈부시고 화려해.

중앙탑 공원에서 강을 따라 올라가니
강물과 주변경관 조화를 이루면서
밤길이 휘황찬란해서 데이트가 즐거워.

호반을 따라가며 이어지는 조명길이
자연과 어우러져 관광객의 관심 끌고
드라마 촬영지로도 유명세가 대단해.

도담삼봉 모터나룻배

매포읍 단양읍의 사이를 흘러가는
굽이친 남한강물 중간에 자리 잡아
세 섬이 아름다워서 단양팔경 되었지.

옛날에 삼봉 지나 건너던 나루터엔
노 젖는 뱃사공이 물을 건너 주었지만
요즈음 모터나룻배로 편리하게 오가네.

오늘날 관광객들 기호에 발맞추어
천천히 유람선을, 빠르게 모터보트
자유로 배편을 선택해 여행길이 즐거워.

영동 월류봉月留峰

충북의 영동 땅에 절경인 월류봉月留峰이
오가는 손님들의 마음을 사로잡아
초강천 해맑은 물이 휘돌아서 흘러가.

깎아진 절벽위에 이어진 봉우리는
달빛이 머물다가 간다는 절경이라
이름난 한천팔경 중에 1경으로 꼽혀요.

일찍이 송시열이 별장 짓고 학문연구
머물던 그 자리에 한천정사 유허비가
옛 임을 못 잊어하며 기념물로 남았네.

산불 화재의 재앙

수십 년 가꾸어온 풍요로운 푸른 숲을
산불이 쓸고 가니 온 세상이 잿더미로
이것이 큰 재앙이란 걸 뼈아프게 느꼈지.

성묘객 놓친 불씨 강풍타고 날아다녀
삽시간 산을 넘어 불바다로 덮어버려
일주일 불타고 났더니 남은 것이 없구나.

강수량 거의 없고 대기가 건조하여
두터운 낙엽 속에 깊이 숨은 도깨비불
강풍에 돛을 단 것처럼 되살아나 불안해.

검게 탄 산림복구 오십년이 더 걸려도
수려한 금수강산 옛 모습을 찾지 못해
별이 된 산림녹화영웅 피눈물을 흘리네.

선비정신이 아름다워

원 용 우(시조시인, 문학박사)

 이번에 낭윤 김완기 작가가 두 번째 사진·시조집을 내신다. 이 분은 일생을 살아오면서 교육자와 사진작가의 두 가지 길을 걸어왔다. 그런데 말년에 시조문학을 만나면서 여기에 흠뻑 빠져 헤어나지 못하고 있다. 무엇을 전공하던지 그 분야에서 성공하려면 그것에 미친 사람이라는 평을 들어야한다. 내가 보기에 낭윤 시인은 시조에 미친 사람이다. 그가 직접 하신 말씀을 들어보자. "갑자기 떠오르는 시상을 먼저 시조로 써놓고 여기에 맞는 사진을 촬영하기도 하면서 사진과 시조를 접목시킨다. 그런 과정이 나의 일상으로 자리매김하였다. 휴대폰에 저장해 두었던 초고를 지하철을 타거나 여가 시간이 있을 때 다시 끄집어내어 수정해 가는 작업을 반복하다 보니 휴대폰은 내 손에서 잠시도 떠날 수 없는 친구가 되었다." 이 얼마나 놀라운 일인가. 지하철 타고 다니는 시간을 아껴서 작품을 수정하다니 이런 시인은 처음 본다. 이런 분이 칭찬 안 받으면 누가 받아야 하나. 나라도 칭찬하기 위하여 이 자리를 마련하였다.

1. 선비정신

자손과 이웃들에 서당 열어 한문교육

학문과 인간교육 앞장서 실천해서

지역에 칭송 자자해 존경 받고 우뚝 서.

어질고 올바르며 청렴한 삶의 정신

실천해 몸소 보여 가슴 깊이 새겨주신

그 정신 내 몸에 배어 나침반이 되었지.

- 물려주신 선비정신 제2수와 3수.

  이 작품의 주인공은 조선조 말기 한문학자인 증조부 우당선생이시다. 선생은 한문을 몸소 가르치며 선비정신을 물려주셨다. 자손과 이웃들에게 서당을 열어 한문교육을 시킨 교육자이시다. 학문과 인간교육을 앞장서서 실천하신 분이시다. 어질고 올바르며 청렴하게 살아가신 선비이시다. 작가인 김완기 선생은 "그 정신 내 몸에 배어 나침반이 되었다"고 하였다.

  이처럼 모범적인 어르신을 조상으로 받들고 사셨으니 김완기 시인 또한 그 정신을 받들어 교육자의 길을 걸어왔던 것이다. 지금 학교가 많아지고 교사나 교수는 늘어 났어도 어질고 청렴한 인물은 찾아보기 힘든 세상이다. 우리 교육계에도 우당 선생처럼 교육하는 참교육자가 많아졌으면 좋겠다는 생각을 해본다..

2. 고향의 노래

충청도 두메산골 남한강변 내 고향은

첩첩이 둘러싸인 산 속에 자리 잡아

하늘만 빠끔히 보이는 우물 안의 개구리.

천등산天登山 뒤로 하고 지등산地登山 인등산 人登山이

사방서 보초 서며 든든히 지켜주는

삼등산三登山 품속에 안겨진 안락安樂마을 이래요.

어릴 제 소꿉친구 이웃들 떠났지만

대 이어 살아왔던 꿈에 어린 터전인데

오백 년 느티나무 홀로 고향마을 지킨다.

- 두메산골 내 고향, 全文

인용 작품의 제목은 〈두메산골 내 고향〉인데 3수로 된 연시조이다. 사람들은 자기 고향에 대해서는 하고 싶은 이야기가 많지만 참고 그냥 사는 것이다. 나는 고향을 비유하면 자신의 어머니 같다고 생각한다. 나를 낳아준 분은 어머니요 나를 길러준 곳은 고향이기 때문이다. 시적 자아는 자신의 고향을 충청도 두메산골 남한강변의 마을이라고 하였다. 첩첩이 둘러싸인 산 속에 자리 잡아 하늘만 빠끔히 보이는 곳이라 하였다. 천등산, 지등산, 인등산이 보초 서며 지켜주는 곳이라 소개하였다. 그곳에는 고향집도 있다. 그 집은 부모님, 조부모님이 둥지 틀고 사시던 곳이다. 대문 밖 기둥에는 입춘 문이 붙어있고, 그 문을 열고 들어가면 안채가 기다린다.

고향 마을은 "삼등산 품속에 안겨진 안락安樂한 마을"이라 하였고, 그 마을에서는 "오백년 된 느티나무가 고향 마을을 지킨다"고 하였다. 이 5백년 된 느티나무는 이 마을의 수호신이다. 마을의 모습이 변하고 살던 사람들이 떠났어도 같은 자리에 박혀서 이동하지 않았기 때문이다. 이처럼 고향을 그리워하는 모습을 한자어로 수구초심首丘初心 이라 하였다. 이 말뜻은 여우가 죽을 때에는 머리를 자기가 살던 굴로 향한다는 뜻이다. 짐승도 그러한데 하물며 인간은 더하지 않겠는가. 김완기 시인도 몸은 떠나 서울생활을 하면서도 마음에는 항상 고향 생각이 잠재潛在해 있었던 것이다.

3. 자연 사랑

4월이 다가오니 꽃들이 활짝 웃어
저마다 얼굴 들고 예쁘게 봐달라며
잠에서 깨어난 꽃들이 앞 다투어 손들어.

유채꽃 활짝 피어 들판을 꽉 채우고
진달래 개나리가 산과 들 뒤덮어서

저마다 장기자랑하며 잘났다고 뽐내요.

- 꽃피는 4월, 제1수와 2수

우주만물은 누가 창조하였는가. 하나님이 사람도 만들고 동물과 식물들을 만들어 이 세상을 아름답게 장식하셨다. 이처럼 우주창조의 원리를 연구하는 학문이 성리학이다. 성리학에는 천지인 삼재설, 음양오행설, 만물의 생장소멸설, 자연순환설 등이 핵심 논리이다. 만물은 이 세상에 태어나면 나고 자라고 절정기, 하강기를 맞이했다가 소멸된다. 꽃피는 4월을 맞이하여 각종 식물들이 아름답게 꽃을 피우는 것도 자연의 섭리이다. 그래서 이 세상에 한 번 태어나면 사람이든 동물이든 식물이든 죽음을 맞이하게 된다.

4월이면 온갖 꽃이 피어 아름다움을 자랑하는 것은 자연의 섭리이다. 위 작품 제1수에서 "4월이 다가 오니 꽃들이 활짝 웃어"라고 했다. "활짝 핀다 하지 않고 활짝 웃어"라고 한 데에 시의 묘미가 있는 것이다. 이러한 표현은 또 나온다. "저마다 얼굴 들고"라 했는데 꽃에도 얼굴이 있다는 것이다. 이런 것을 의인법이라 한다. 이러한 표현은 또 나온다. "잠에서 깨어난 꽃들"이 좋은 예이다. 잠에서 깨어난 존재는 활동을 해야 한다. 그 행동이 "앞다투어 손드는" 움직임이다. 이처럼 아름다운 꽃들도 시간이 지나면 시들어 떨어지게 된다. 자연의 생장소멸설에서 벗어날 수 없는 것이 우주자연의 원리이다.

제2수를 보면 "유채꽃이 활짝 피어 들판을 꽉 메우고/ 진달래 개나리가 산과 들을 뒤덮는다."고 했다. 이 말은 한마디로 그 꽃들이 피어있는 모습이 아름답다는 표현이다. 이 작품의 주제는 종장에 있다. 저마다 장기자랑하며 잘났다고 뽐낸다. 진달래와 개나리가 피어있는 시기는 3, 4월이다. 제 아무리 그 꽃들이 잘났으면 무슨 소용 있나. 아름다운 향기도 물씬 난다. 그러나 5, 6월이 되면 그 자리를 비워줘야 한다. 이것은 어길 수 없는 자연의 이치다. 이것을 성리학에서는 자연 순환의 원리라고 하였다. 초승달이 떠 있다가 반달이 되고 보름달로 바뀌었다가 그믐달 된다. 이처럼 달이 변하는 모습을 자연 순환이라 한다. 이러한 원리에 충실한 작품이 상기 작품 〈꽃피는 4월〉이다. 시조형식이 성리학에서 왔다고 하는데, 그 원리대로 형상화한 작품이 바로 예로 든 작품이라 하겠다.

이제 작품 이야기는 그만하고 총평을 해보자. 작가와 작품의 관계는 손바닥과 손등의 관계이다. 손바닥과 손등은 떨어질 수 없는 하나이다. 그 점을 알고 작품이야기를 하다보면 작가에 대한 이야기가 함께 나올 수밖에 없다.

① 김완기는 교육자이면서 예술가이다.
② 말년에 시조도에 입문하면서 도인의 경지에 올라갔다.
③ 시조를 그냥 쓰는 게 아니라 도를 닦는 심정으로 쓴다.
④ 시조에 심취한 정도가 아니라 시조에 미쳤다는 평을 들을 수 있다.
⑤ 출발은 늦었지만 앞장 서 달리는 선수가 될 것이다.

⑥ 인간적으로 반듯하고 올바른 사람이다.

⑦ 그분은 어떤 것에 몰두하는 장인정신의 소유자다.

⑧ 세상을 항상 좋게 보는 긍정적 인생관을 가졌다.

⑨ 남의 장점을 찬양하는 사람이다.

이처럼 장점을 많이 지니셨기에 나는 이분을 조선시대의 선비와 같다고 생각한다. 소금처럼 없어서는 안 될 존재이다.

에필로그

세상에 태어나서 교육자와 사진작가로 살아오다가 늦깎이 시조시인이 되어 쉼 없이 뛰어다녔던 팔십 평생을 되돌아보니 꼬리에 꼬리를 물고 이어지는 내 인생의 파노라마 같다는 생각이 든다.

어릴 때 천·지·인天·地·人 三登山에 둘러싸인 두메산골에서 태어나서 따뜻한 어머니 품에서 자라났고, 5살부터 증조부 무릎 위에서 한문을 배우면서 선비정신을 익혔다.

손자 사랑이 남 달랐던 신세대 할아버지와 세심한 할머니의 보살핌 속에서, 오로지 자식의 앞날만을 걱정해주신 아버지의 큰 사랑을 듬뿍 받았던 나는 누가 보더라도 행운아였다.

내가 자라난 남한강변의 고향땅은 앞산과 뒷산으로 둘러싸인 사이로 맑은 강물이 흐르는 천혜의 청정지역이었기에 사철이 아름다운 자연환경은 나의 심성을 올곧게 키워주는 밑거름이 되었다.

어려서 아침저녁으로 흙냄새를 맡으며 자연과 벗하여 살아왔던 고향마을은 나를 정서적으로 키워준 요람이요 꿈에도 잊지 못할 마음의 고향으로 자리매김하였다.

지금도 눈 감으면 어릴 때 뛰어놀던 산하와 고향친구들의 모습이 선명하게 떠오르는 그리움을 만끽하면서 살아오고 있다.

 '주어진 여건에서 최선을 다하자' 는 평생 좌우명을 되새기며 지금까지 이어져온 나의 삶을 되돌아보니 크게 후회될 일은 없다. 다만 세상을 살아가는 능력과 노력이 부족했다는 아쉬움이 남아있을 뿐이다. 지금 다시 태어난다하더라도 나는 그 길을 가고 싶다.

  고향에서 자라났던 어린 시절에 이웃 간의 다정했던 추억을 되새기며 졸작으로 엮어낸 나의 두 번째 사진·시조집 「고향의 노래」가 읽어주는 모든 분에게 꿈속에 그리던 마음의 고향을 찾아가는 계기가 될 수 있다면 더 없는 영광으로 삼고자 한다.
  감사합니다.

[부록] 낭윤娘阢 김완기金莞祁약력

출 생

• 1944 충북 충주에서 태어남

학 력

• 충주중·고등학교 졸업
• 청주교육대학교 졸업
• 건국대 교육대학원졸업(교육학석사)

교육경력

• 서울창천·안산·매동·장충·서교초 교사
• 서울대곡초 교감
• 서울특별시교육청 장학사, 장학관
• 서울 강서·남부교육청 초등교육과장
• 서울이수·대현초등학교 교장
• 교육부 초등교육정책과장
• 서울교육과학연구원 교육과정평가부장
• 서울성북·남부교육청 학무국장
• 서울성북교육청 교육장
• 서울평생교우회 회장 역임(현 상임고문)
• 청우회(서울교육장협의회) 회장 역임

사진활동

- 제18회대한민국미술전람회(국전)입선

- 대한민국사진전람회 입선(8회)

- 제16회 대한민국사진전람회 특선

- 청영회 5~7대 회장

- 대한사진예술가협회 19~20대 회장

- 한국사진작가협회 22·24·26대 이사

- 대한민국사진대전 초대작가(현)

- 강남구사진작가회 3~4대 회장

- 강남문화원 외 각종 사진강좌 강사

- 대한민국사진대전, 전국사진 공모전 심사위원

- 제11회 서울시사진대전 운영위원

- 제21회 공무원미술대전 심사위원장

- 서울특별시사진작가협의회 초대 회장

- 한국예술인복지재단 예술인 등록

- APC뉴스(한국예술사진인연합회) 회장 (현 자문위원)

- 서울사진포럼 고문(현)

- 한국사진작가협회 운영자문위원회 부위원장(현)

문예활동

- 「한국문예」 신인시조문학상
- 한국문예작가회 지도위원
- 「한국문예」 시조문학대상
- 「한국문예」 신인수필문학상

전시·출판활동

- 제1~2회 김완기사진전(세종문화회관)
- 제3~15회 김완기사진전(전국순회전 - 그땐 그랬지, 13회)
- 「김완기사진집」 출판
- 김완기교육다큐사진집 「그땐 그랬지」 출판
- 한국교육의 정신유산 사진집 「6·70년대 학교와 아이들」 출판
- 칠순기념 김완기자서전 「분필과 셔터로 그린 자화상」 출판
- 팔순기념 김완기사진·시조집 제1집 「정겨웠던 순간들」 출판
- 김완기사진·시조집 제2집 「고향의 노래」 출판

사회참여활동

- EBS TV & Radio 출연(15년)
- KBS2 TV방송 '어머니교실' MC
- EBS TV & Radio '교사의 시간' MC
- EBS 교육방송심의위원

- 강남구의회 의정자문위원
- 서울중앙지방검찰청 형사조정위원(현)

표창 및 포상

- 문교부장관표창 3회
- 서울교육감표창 6회
- 서울사랑시민상(서울특별시장)
- 황조근정훈장(대통령)
- 이해선사진문화상(대한사협)
- 사진예술문화상 대상(APC 뉴스)
- 한국사진문화상(한국사진작가협회)